Nés en
1934

Le livre de ma jeunesse

Tous les souvenirs de mon enfance et de mon adolescence

À Marilù et Popeline

Les auteurs tiennent à remercier Isabelle Lerein, Carola Strang, Christophe Salet, Quentin Convard, Marjorie Goussu, Mathilde Delattre-Josse et toute l'équipe des Éditions Hors Collection, Lætitia Matusik, Morgaine Nielsen et Jeanne Ollivier, sans lesquels cet ouvrage n'aurait pu voir le jour.

ISBN 978-2-258-10902-5
Numéro d'éditeur : 1368

Conception graphique :
Mathilde Delattre-Josse
mathildedelattre@wanadoo.fr

Achevé d'imprimer en Italie par Zanardi.
Dépôt légal : février 2014

Retrouvez-nous sur Internet : www.horscollection.fr
et www.facebook.com/HorsCollection

Hors Collection | un département **place des éditeurs**

place des éditeurs

Nés en
1934

Le livre de ma jeunesse

Tous les souvenirs de mon enfance et de mon adolescence

Armelle Leroy • Laurent Chollet

HORS }{ COLLECTION

1934 ALMANACH DES POSTES ET DES TÉLÉGRAPHES 1934
PRINTEMPS : 21 Mars, 7 h. 28
ÉTÉ : 22 Juin, 2 h. 48
AUTOMNE 23 Septembre, 17 h. 45
HIVER : 22 Décembre, 12h. 49
"Dans la Clairière" (Bothorel)
JANVIER - 1
FÉVRIER - 2
MARS - 3
AVRIL - 4
MAI - 5
JUIN - 6
JUILLET - 7
AOUT - 8
SEPTEMBRE - 9
OCTOBRE - 10
NOVEMBRE - 11
DÉCEMBRE - 12
Imp. OLLER - PARIS-PUTEAUX

SOMMAIRE

1934 Les grands événements

1er JANVIER :
Après avoir été une prison militaire, l'île d'Alcatraz, à San Francisco, devient officiellement une prison fédérale.

8 JANVIER :
L'escroc Alexandre Stavisky est retrouvé mort à Chamonix. Suicide ou assassinat, la mort du « beau Sacha » n'a jamais été élucidée, mais sa grande arnaque qui met en évidence la collusion entre parlementaires et hommes d'affaires douteux continue de secouer le monde politique français durant toute l'année 1934.

26 JANVIER :
L'Allemagne nazie et la Pologne concluent un pacte de non-agression.

6 FÉVRIER :
Suite au limogeage du préfet de police Jean Chiappe, des groupes de droite et d'extrême droite protestent devant la Chambre des députés à Paris. La manifestation tourne à l'émeute et est réprimée dans le sang. On déplore à la fin de cette journée 15 morts et près de 1500 blessés.

23 MAI :
En Louisiane, les gangsters Bonnie and Clyde sont tués par les policiers lors d'une embuscade.

10 JUIN :
L'Italie bat la Tchécoslovaquie sur le score de 2 buts à 1 en finale de Coupe du monde.

29 JUIN :
Adolf Hitler fait assassiner ses opposants nationaux-socialistes, les chefs SA d'Ernst Röhm, dans la nuit du 29 au 30 juin 1934, événement connu sous le nom « la nuit des Longs Couteaux ».

14 JUIN :
Adolf Hitler et Benito Mussolini se rencontrent pour la première fois à Venise.

4 JUILLET :
La physicienne française et prix Nobel de physique de 1903 Marie Curie décède.

2 AOÛT :
Décès du président allemand Hindenburg. Hitler prend les pleins pouvoirs.

22 JUILLET :
Le braqueur de banques John Dillinger, ennemi public numéro 1, est abattu par le FBI.

18 SEPTEMBRE :
L'URSS fait son entrée à la Société des Nations.

9 OCTOBRE :
Alexandre Ier de Yougoslavie et Louis Barthou, ministre français des Affaires étrangères, sont assassinés à Marseille.

21 OCTOBRE :
Début de la « Longue marche » de l'Armée rouge chinoise menée par Mao Tsé-Toung en Chine.

30 NOVEMBRE :
L'aviatrice Hélène Boucher décède lors d'une démonstration aérienne à 26 ans. Elle venait de battre le record du monde de vitesse.

Ils sont nés en... 1934

08/01/1934
† 18 novembre 1987
JACQUES ANQUETIL
cycliste français

27/01/1934
ÉDITH CRESSON
femme politique française

18/02/1934
PACO RABANNE
couturier espagnol

23/02/1934
JACQUES SÉGUÉLA
publicitaire français

09/03/1934
† 27 mars 1968
YOURI GAGARINE
astronaute russe

24/04/1934
SHIRLEY MACLAINE
comédienne américaine

24/03/1934
JEAN-LOUIS DAVID
coiffeur français

22/05/1934
MONIQUE TARBÈS
comédienne et chanteuse française

03/05/1934
† 23 mai 2013
GEORGES MOUSTAKI
auteur compositeur interprète français

06/06/1934
ALBERT II DE BELGIQUE
roi des Belges

15/06/1934
GUY BEDOS
humoriste
français

01/07/1934
† 26 mai 2008
SYDNEY
POLLACK
cinéaste
américain

01/07/1934
† 12 janvier 2009
CLAUDE BERRI
cinéaste
et producteur
français

09/07/1934
PIERRE
PERRET
auteur compositeur
interprète
français

11/07/1934
GIORGIO
ARMANI
styliste
italien

14/07/1934
MARCEL
GOTLIB
auteur et scénariste
français

25/07/1934
CLAUDE ZIDI
cinéaste
français

13/07/1934
WOLE
SOYINKA
écrivain
nigérian

15/08/1934
† 13 août 1998
NINO FERRER
auteur compositeur
interprète
italo-français

16/08/1934
PIERRE
RICHARD
comédien
et réalisateur
français

20/09/1934
SOPHIA
LOREN
comédienne
italienne

21/09/1934
LEONARD
COHEN
auteur compositeur
interprète
canadien

28/10/1934
SYLVIE JOLY
comédienne
française

28/09/1934
BRIGITTE
BARDOT
comédienne et
chanteuse
française

13/10/1934
NANA
MOUSKOURI
chanteuse
grecque

11/11/1934
NADINE
TRINTIGNANT
cinéaste
française

Et pour la première fois cette année-là...

La 7C

Le constructeur automobile Citroën présente la voiture à traction 7C.

Le zoo de Vincennes

Le président de la République Albert Brun inaugure le parc zoologique de Vincennes.

Cleopatra

Cécil B. DeMille réalise *Cleopatra,* un film à grand spectacle axé sur la vie amoureuse de la reine d'Égypte avec Claudette Colbert dans le rôle titre.

Le Journal de Mickey

Le Journal de Mickey, magazine hebdomadaire de bandes dessinées publie son premier numéro.

Le microscope électronique

Le physicien et ingénieur allemand Ernst Ruska de l'université de Berlin construit le premier microscope électronique.

La Machine infernale

La Machine infernale de Jean Cocteau est jouée pour la première fois à la Comédie des Champs-Élysées.

Donald Duck

Donald Duck apparaît pour la première fois dans un court métrage des studios Disney, *Une Petite Poule avisée.*

LA CHAMBRE D'UN ENFANT

Une pièce où on dort et rien de plus

Les années 1930 ne sont pas rieuses pour les familles françaises, et cela se traduit par une décoration des chambres d'enfants spartiate.

À la maison, la vie n'est pas facile : papa est prisonnier, maman a les yeux rouges et l'hiver est bien rude. Dans l'appartement, des pièces ont été condamnées pour faire des économies de charbon et la chambre d'enfants est désertée pendant la journée. Un ordre parfait y règne : deux lits faits « au carré » recouverts d'un jeté de lit blanc, deux tables de nuit, un crucifix accroché au mur, une table de toilette avec un broc et une cuvette. Chez les cousins de la campagne, c'est différent. Dans leur ferme, le confort est minimal. Le soir, tous les enfants dorment ensemble dans les deux grands lits à rouleau. Sur la table de nuit au marbre ébréché, un bougeoir en étain accueille une chandelle, les coupures d'électricité sont très fréquentes. Sur le mur blanchi à la chaux, une branche de rameau desséchée est accrochée au bénitier. Pour égailler tant d'austérité, une toile rouge recouvre deux édredons de plume d'oie. Le matelas, une paillasse en balle d'avoine, est adouci par une mince couette de tissu rayé, elle aussi garnie de plume. L'hiver, on disparaît complètement sous cette montagne de duvet.

Que ce soit à la campagne ou en ville, le confort des chambres d'enfants est minimal.

Entre deux mondes

Si les années d'après-guerre sont porteuses d'espoir, les finances ne suivent pas toujours et les adolescents sont forcés de faire du neuf avec du vieux pour décorer leur chambre.

Depuis la fin de la guerre, on ne parle que de projets et d'aménagement. Le grenier se transforme en chambres pour les garçons, les filles restent à l'étage des parents, sous haute surveillance. Grâce aux fiches pratiques des magazines, on recycle les vieux meubles, on recouvre des barils de lessive et on tapisse les murs de papier peint « à thème » : pour les filles, ce sont de gais bouquets champêtres ; chez les garçons, la reconstitution des batailles napoléoniennes séduit les amateurs du style Empire. Les plus gâtés se font offrir un lit bateau blanc et

Les adolescents ne possèdent pas encore leurs propres codes et la décoration de leur chambre navigue entre le monde des adultes et celui des enfants.

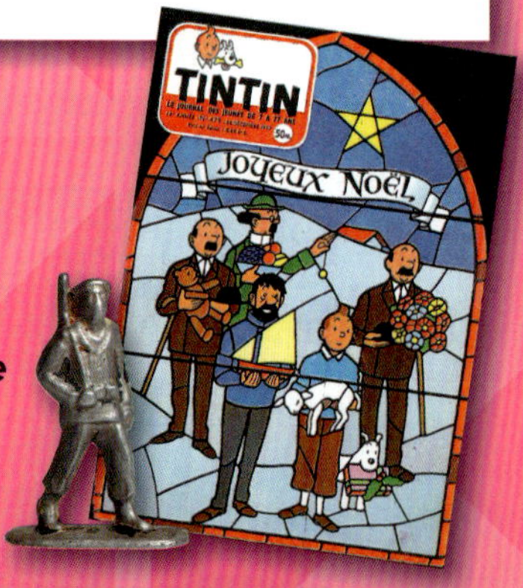

LA CHAMBRE D'UN ADO

bleu à poignées de laiton. Sur tous les sols, on pose un épais linoléum que protège une descente de lit. Sur les étagères, des soldats de plomb défilent entre des albums de Tintin. Là, ce sont des numéros de la *Semaine de Suzette* qui séparent des poupées de collection… seuls vestiges de l'enfance qui s'enfuit. Dans les chambres des jeunes filles, on trouve des lits à baldaquin au côté de guéridons recouverts de tissu romantique qui les transforment en coiffeuse. Les plus privilégiées reçoivent en cadeau une chambre dite « coloniale », alliant le rotin et le bois blanc. Pour les garçons, un bureau américain paraît le cadeau le plus adapté. Parfois, on retape celui du grand-père ; souvent, on le commande aux galeries Barbès ou chez Manufrance.

LA CLASSE D'UN ENFANT

Pas facile d'étudier

Entre le travail après les cours pour remplacer les hommes partis au front et les salles de classe gelées, les enfants peinent à se concentrer sur leurs études.

Le poêle Godin tiédit agréablement la classe. Les enfants se battent pour s'installer le plus près possible du chauffage : l'hiver est rude, les restrictions sévissent partout et la plupart des appartements et des maisons sont à peine chauffés. Dans l'encrier en faïence ébréché, l'encre est épaisse. Il faut bien secouer son porte-plume pour ne pas faire de pâtés. Ce n'est pas évident de travailler dans de telles conditions, le papier lui aussi est de mauvaise qualité et les livres ont servi à plusieurs générations. Seul celui de « leçons de choses » est neuf. Il est ponctué de dessins et de doctrines à la gloire du maréchal Pétain. Les élèves ont beau s'appliquer, leur attention est souvent ailleurs. À la campagne, beaucoup d'entre eux doivent aider à la ferme. De nombreux hommes sont prisonniers ou au travail obligatoire en Allemagne, les femmes et les enfants sont obligés d'exécuter toutes les tâches. En ville, dans certains quartiers, de nombreux camarades ne sont plus là. Ils ne reviendront peut-être jamais. Pourtant, dans les cours de récréation, les enfants continuent à jouer : les fillettes tracent des marelles, les garçons sortent leurs billes et leurs osselets, tous n'ont connu que la guerre et s'adaptent à cette situation grâce à la fraîcheur de leur âme d'enfant.

Avec leurs illustrations et leurs couleurs, La Méthode Boscher *et* La Journée des tout-petits *donnent envie aux écoliers d'apprendre à lire.*

En 1939, les écoliers ont fait leur paquetage et s'apprêtent à être évacués.

Silence au fond !

Le lycée, ce n'est pas fait pour plaisanter ! Tenues strictes, professeurs terrifiants, devoirs épuisants : les journées de classe sont loin d'être une partie de plaisir pour les ados.

Une classe de jeunes filles studieuses au lycée Camille-Sée dans le XVe à Paris.

Pour se rendre au lycée, il faut se lever tôt ! Les cours commencent à 8 heures précises et le concierge est intransigeant : il ferme les grilles et emmène les retardataires chez le surveillant général. On ne badine pas avec la discipline ! Les filles occupent un bâtiment deux rues après celui des garçons. Comme eux, elles ont l'obligation de revêtir une longue blouse grise et d'avoir une coiffure impeccable. Les coquettes renoncent à montrer leur nouvelle robe et toute trace de maquillage, même légère,

LA CLASSE D'UN ADO

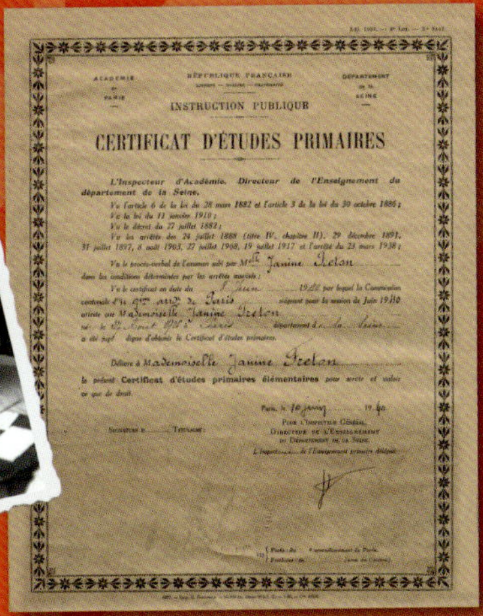

ACADÉMIE DE PARIS

RÉPUBLIQUE FRANÇAISE

DÉPARTEMENT DE LA SEINE

INSTRUCTION PUBLIQUE

CERTIFICAT D'ÉTUDES PRIMAIRES

L'Inspecteur d'Académie, Directeur de l'Enseignement du département de la Seine,

Vu l'article 6 de la loi du 28 mars 1882 et l'article 3 de la loi du 30 octobre 1886 ;

Vu la loi du 11 janvier 1910 ;

Vu le décret du 27 juillet 1882 ;

Vu les arrêtés des 24 juillet 1888 (titre IV, chapitre II), 29 décembre 1891, 31 juillet 1897, 8 août 1905, 27 juillet 1908, 19 juillet 1917 et l'arrêté du 23 mars 1938 ;

Vu le procès-verbal de l'examen subi par Mlle Janine Freton

dans les conditions déterminées par les arrêtés susvisés ;

Vu le certificat en date du 1 Juin 1940 par lequel la Commission cantonale d'u 9ème arrt de Paris siégeant pour la session de Juin 1940 atteste que Mademoiselle Janine Freton

a été jugé digne d'obtenir le Certificat d'études primaires.

Délivre à Mademoiselle Janine Freton

le présent Certificat d'études primaires élémentaires pour servir et valoir ce que de droit.

Paris, le 10 juin 1940

Pour l'Inspecteur Général, Directeur de l'Enseignement du Département de la Seine,

L'Inspecteur de l'Enseignement primaire délégué

Signature du Titulaire :

LE CERTIFICAT D'ÉTUDES

Créé en 1866, le certificat d'études ou « certif » permet aux élèves qui ne vont pas suivre des études secondaires d'entrer dans la vie active. Jusqu'en 1936, il se passe entre 11 et 13 ans. À partir du Front populaire, l'enseignement devient obligatoire jusqu'à 14 ans. Les enfants suivent une classe de fin d'études primaires avant de présenter cet examen, mais dans les cours complémentaires (les collèges actuels), les maîtres inscrivent d'office leurs élèves au certificat d'études entre la 6e et la 3e. Il disparaît complètement en 1996.

est totalement prohibée ! Certaines portent leurs livres attachés par une simple courroie : les cartables, c'est pour les bébés de la communale. Mais leurs professeurs les fustigent, les ouvrages appartiennent à l'Administration, il faut les respecter. Les enseignants se montrent souvent très sévères, certains même sont redoutés et les lycéens peinent sur des leçons rébarbatives. Thèmes et versions latines, dissertations de français, pensum d'histoire ou de géographie… Les devoirs s'enchaînent après les cours, il faut travailler pour mériter de suivre des études secondaires, car peu de jeunes ont la chance d'accéder au baccalauréat.

LES JOUETS DES FILLES

Système D

Entre bricolage, couture et créativité, même en temps de guerre, les parents font tout leur possible pour que Noël reste un moment magique.

La guerre et l'occupation ont ruiné le pays. Pourtant, Noël reste synonyme d'espoir et les mères font l'effort d'organiser une fête. Certes, les magasins sont vides, mais en cette période de restrictions, la moindre douceur ou le plus petit présent deviennent exceptionnels.

Pour gâter les filles, il suffit avant tout de partir à la recherche d'un peu de tissu, matière extrêmement difficile à trouver, et l'habileté des mamans fait le reste. Elles coupent, bâtissent et cousent une jolie blouse ou, encore mieux, une robe neuve. Avec les chutes de tissu, elles confectionnent un vêtement assorti pour la poupée préférée. Les plus jeunes bénéficient de l'habileté des hommes de la famille : une vieille caisse se transforme en landau ; à partir de plusieurs poupées cassées, les plus habiles en reconstituent une très acceptable. Pour les plus jeunes, le kapok d'un cousin rembourre un doudou taillé dans un vieux chemisier aux couleurs moirées. Au bazar, les parents ont échangé des tickets de rationnement contre un minuscule ours en peluche – les pénuries là aussi ont imposé une diminution de la taille des jouets. Mais peu importe sa dimension, le « nounours » se glisse et se transporte partout, et il est bien assez gros pour consoler des chagrins et des peurs nocturnes.

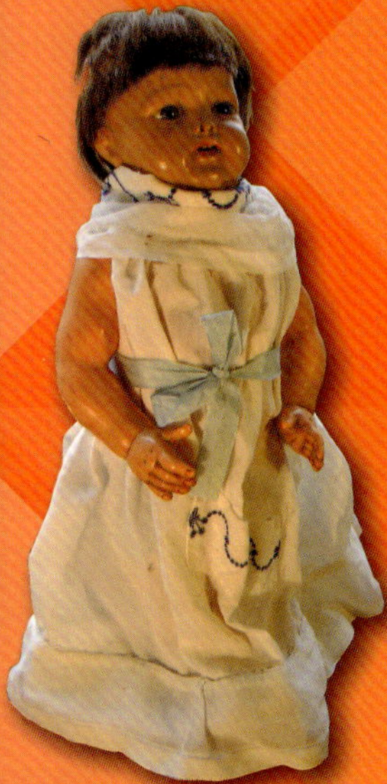

Même rapiécées, les poupées sont toujours le jouet préféré des fillettes.

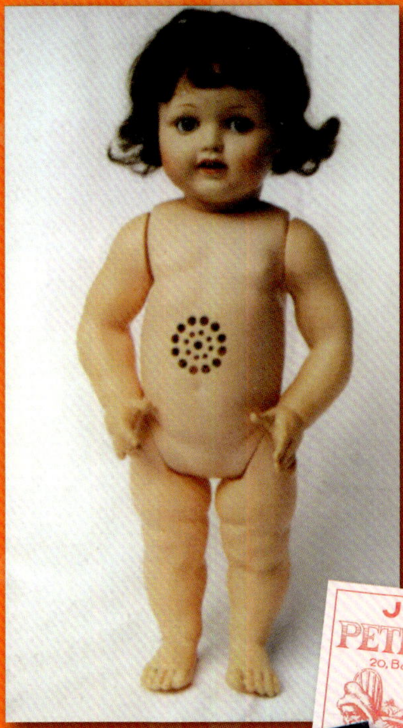

Pan ! Pan !

Les grands sont à la guerre, les petits y jouent, opposant inlassablement Indiens et cow-boys.

Malgré l'horreur de la guerre, les petits garçons continuent à rêver d'armes et de batailles. Leurs mères trouvent inconcevable de leur offrir des pistolets. D'ailleurs, elles n'en auraient pas les moyens. Pour assouvir les pulsions bellicistes de leurs fils, elles ont décidé de leur confectionner pour Noël des costumes d'Indiens et de cow-boys. Toute la famille s'implique dans la fabrication et la petite bande de cousins se partageront les tenues. Les plumes des poulets sont soigneusement conservées pour les coiffes des chefs sioux, les vieux pantalons de travail sont retaillés, tandis que les cartouchières de carton-pâte garnies de balles en bois demandent une habilité particulière.

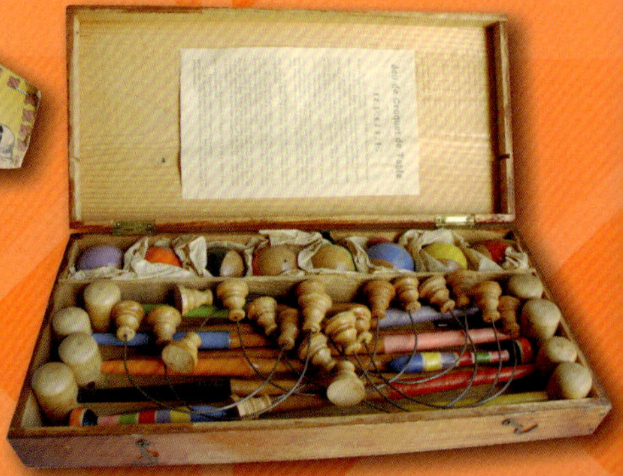

LES JOUETS DES GARÇONS

Créée en 1901, la société Meccano aura fait naître plus d'une vocation d'ingénieur chez les petits garçons.

Les petits vont avoir droit à une formidable surprise : avec une caisse, les roues d'un vieux landau et un peu de peinture rouge, voici une jolie carriole pour dévaler au printemps les rues du quartier. Une branche fourchue élaguée avec soin et un vieux morceau de cuir font un lance-pierre très acceptable. Quant aux petites voitures qui étaient depuis quinze ans dans le grenier, elles ont fière allure une fois polies, repeintes et leurs roues remplacées ! Cette année, avec très peu de moyens, les paquets au pied du sapin feront quand même des heureux.

LES LOISIRS DES ADOS

Et maintenons dansons !

À la Libération, l'heure est au swing, à la danse, au flirt, mais toujours sous l'œil vigilant de chaperons intraitables.

Après le temps de la guerre, voici celui de la détente et de la fête ! Mais attention, une fête sous haute surveillance : les parents veillent et contrôlent absolument tout. À Saint-Germain-des-Prés, on swingue dans les caves sur des airs endiablés de jazz, mais pour cela il faut être majeur et quelque peu affranchi. Les plus jeunes dansent sous le regard protecteur et intransigeant des mères. Dans les familles bourgeoises, les soirées sont privées. On organise à tour de rôle des « après-midi » ou des soirées dansantes souvent rythmées par des jeux d'esprit, charades ou autres rébus. Bien plus officiel, le bal des débutantes est l'occasion pour les

Club de jazz, bal populaire ou des débutantes, les jeunes de toute classe veulent danser.

Premières peurs et premiers flirts à la foire du Trône.

jeunes filles de faire leur entrée officielle dans la « bonne » société. Il permet d'accéder ensuite aux soirées de la préfecture, de Saint-Cyr ou à celle des normaliens. Dans les milieux les plus modestes, les bals populaires se déroulent dans une ambiance bon enfant, on s'y rend en famille, comme d'ailleurs dans les fêtes foraines. L'été, les adolescents suivent leurs parents, beaucoup d'entre eux optent pour le camping, une occasion rêvée pour passer des journées entre jeunes dans une ambiance décontractée.

LA MODE DES ENFANTS

Raccommodage et plan B

Il n'est pas évident de trouver des vêtements neufs en période de privations, mais on peut compter sur le savoir-faire et le sens pratique des mamans pour rapiécer, coudre, troquer…

Avec la guerre, les différences s'estompent. Quel que soit le milieu social, s'habiller correctement devient un véritable problème. La pénurie de tissu et de cuir ne permet pas de renouveler la garde-robe des enfants qui grandissent et changent. Trouver des chaussures est certainement le souci principal des mères de famille, on rafistole les anciennes. Les semelles s'usent trop vite, elles sont parfois remplacées par des ersatz en bois. Même les lacets deviennent rares, on utilise des morceaux de ficelle. À la campagne, les sabotiers fournissent des familles entières. L'hiver, on bourre les bottillons de papier journal pour s'isoler du froid. Le marché de l'occasion se développe : le troc devient une pratique courante car pour obtenir un vêtement neuf, il faut un nombre important de tickets de rationnement et une somme d'argent. Les coupons de tissu s'arrachent au marché noir, les mères confectionnent des jolies robes pour les fillettes en suivant les patrons des magazines. Les manches ballons, les corsages à empiècement et les jupes froncées sont à la mode. Les garçons ont plus de mal à s'habiller correctement. Un grand nombre de tailleurs ont été déportés et leurs ateliers de confection sont fermés. La tenue la plus courante est maintenant constituée d'un pantalon de golf ou d'un pantalon court, d'une chemise et d'un pull.

Les vêtements sont rares et si les enfants reviennent tout sales, c'est la punition assurée.

Il ne suffit pas de bien s'habiller, il faut aussi savoir se coiffer : brillantine et raie sur le côté pour les garçons, rubans et queue-de-cheval pour les filles.

Galanterie et coquetterie

La priorité pour les adolescents, c'est de ne pas avoir froid en hiver, mais peu à peu, la coquetterie et l'élégance reprennent leurs droits.

Dans la France de l'après-guerre, on assiste à une reconstruction générale, mais il faut attendre 1953 pour que les secteurs de l'automobile et de l'habillement bénéficient de l'aide de l'État. Ainsi, pendant huit ans, il est difficile de se vêtir à la dernière mode. Le rêve de tous les jeunes est de ressembler aux héros de la Seconde Guerre mondiale, les Américains. Les industries d'outre-Atlantique se lancent dans l'exportation intensive de biens de consommation. Mais les produits venus des États-Unis coûtent très cher. La plupart du temps, ce sont de nouveau

Les magazines féminins donnent envie aux jeunes filles de plaire et d'oser certaines fantaisies dans leur tenue.

LA MODE DES ADOS

les mères qui mettent leur savoir-faire au service de leurs enfants. Grâce aux patrons trouvés dans *Le Petit Écho de la mode* ou *Le Jardin des modes*, elles cousent les tenues des adolescentes. Les corsages ajustés surmontés d'un sage col blanc « Claudine » mettent en valeur des jupes larges qui se portent au-dessous du genou. Les tissus fantaisies, surtout ceux à carreaux, connaissent un grand succès. Les plus grandes portent des jupes « crayons » très moulantes fermées par des boutons. Quant aux plus hardies, elles osent les pantalons « fuseaux » avec des cols roulés près du corps et, l'été, d'audacieux shorts. Mais aucune d'entre elles n'obtient l'autorisation de porter le scandaleux bikini inventé en 1946 par Louis Réard.

Coiffons-nous à la Mode

Une jeune fille de bon goût doit savoir choisir une coiffure seyante, c'est-à-dire en harmonie avec la forme de son visage et la teinte de ses cheveux. Fillette *vous propose cinq jolis modèles pouvant convenir à des visages différents.*

Si vos cheveux sont courts et bouclés, relevez-les simplement en masse sur la nuque, et maintenez-les par un ruban assorti à votre robe ; une mèche courte sur le front forme une frange légère.

Si vous êtes une brune aux longs cheveux, choisissez les classiques anglaises, agrémentées de deux petites boucles sur le front.

Votre maman n'a jamais voulu couper vos beaux cheveux ? Quelle chance ! Vous allez pouvoir porter ce charmant « catogan ». Ramenez en coque sur le devant de la tête une partie de vos cheveux, que vous raccourcirez légèrement. Lissez soigneusement le reste en deux grandes mèches croisées sur la nuque et maintenues par un large velours noir.

Si vos cheveux sont désespérément raides, ne vous désolez plus : adoptez cette coiffure simple et nette. Les cheveux tombent sur les épaules, et les pointes seules sont roulées en dedans ; une frange à la « Jeanne d'Arc » adoucit le visage.

Enfin pour les turbulentes, une coiffure qui « ne bouge pas », malgré la pratique des jeux les plus sportifs. Séparez vos cheveux en deux nattes que vous croiserez sur la nuque avant de les enrouler en auréole autour de votre tête. Et n'oubliez pas la petite frange qui donne la note « mode » à cette coiffure classique mais charmante.

— 29 —

CONFISERIES ET BOISSONS

Des bonbons et du chocolat, enfin !

À la fin de la guerre, les enfants peuvent de nouveau revenir à un équilibre alimentaire, et se permettre quelques sucreries pour égayer leurs goûters.

Pendant l'Occupation, presque tous les produits de première nécessité viennent à manquer : le bois, le papier, le tissu et surtout la nourriture. Les privations font partie du quotidien. Pour partager les réserves restantes, le gouvernement de Vichy met en place les tickets de rationnement. Des produits de substitution sans goût remplacent les biens manquants : l'orge est utilisé en guise de café, les topinambours à la place des pommes de terre. Pour s'approvisionner, les ménagères n'hésitent pas à recourir au troc ou au marché noir. Les Français vivant en zone rurale sont privilégiés par rapport aux citadins, ils peuvent se sustenter grâce à leurs propres cultures et à leurs élevages mais les pommes de terre gèlent pendant les durs hivers.

À Noël en 1944, des soldats américains offrent des friandises aux enfants français.

À la Libération, les privations ne peuvent cesser brusquement, il faudra attendre 1947 pour que certains produits commencent à réapparaître. Entre-temps, les Américains ont fait découvrir d'autres saveurs : l'étrange Coca-Cola, le chewing-gum, les légères cigarettes blondes. Le gouvernement de l'après-guerre a pour objectif prioritaire de pallier les carences alimentaires des enfants et des adolescents. Pendant les récréations, les enseignants distribuent aux élèves du lait et des barres vitaminées. À la maison, les mères de famille s'évertuent à servir des repas équilibrés et si la viande est encore chère et rare, les laitages reviennent en force.

Choisir son camp

Si, au début des années 1940, le scoutisme connaît des heures difficiles, l'organisation reprend du poil de la bête à la Libération.

En ce début de nouvelle décennie, et à l'instar du pays tout entier, le scoutisme français est en plein désarroi : l'occupant allemand vient d'interdire tous les mouvements de jeunesse et Robert Baden-Powell s'éteint au Kenya en janvier 1941. Celui qui avait créé le scoutisme dans une optique de paix laisse plus de 60 000 scouts français dans un pays en guerre… Pourtant, les organisations de jeunesse ne vont pas disparaître : la plupart continuent même leurs activités sous couvert d'associations sportives ou culturelles. Soucieux de contrôler la jeunesse, le gouvernement de Vichy tentera même de les fédérer dans un mouvement unique. En 1940, il organise la mise en place de la Fédération du Scoutisme français, qui regroupe les quatre mouvements actifs dans la zone sud. Toutefois, le régime

Le service militaire est supprimé, mais le gouvernement de Vichy crée les Chantiers de jeunesse, calqués sur le modèle scout. À partir de 1941, tout Français âgé de 20 ans doit s'enrôler pour huit mois.

LES ORGANISATIONS DE JEUNESSE

échoue dans sa volonté de mainmise : certains scouts rejoignent la Résistance et l'agrément accordé au Scoutisme français en 1941 lui est retiré dès le mois de juin 1943. En avril 1945, c'est avec fierté que 35 000 scouts de Paris et de province défilent sur les Champs-Élysées en l'honneur de saint Georges, leur patron... et saluent Lady Baden-Powell sur la place de la Concorde. Deux ans plus tard, ils auront la chance de démontrer leurs talents d'organisateurs en accueillant le Jamboree de la Paix. Le mouvement atteindra son apogée au cours des années 1950, quand des millions de petits Français coiffés du célèbre chapeau à quatre bosses se rallieront au mot d'ordre : « Toujours prêt ! »

Lord Robert Stephenson Smyth Baden-Powell, fondateur du scoutisme.

LES JEUX OLYMPIQUES

Andrea Mead-Lawrence est chaleureusement félicitée par son compagnon pour sa victoire en slalom.

Henri Oreiller, en 1948.

Les jeux d'hiver...

Saint-Moritz (1948), Oslo (1952)

Douze ans après les jeux Olympiques de Munich, la très chic station de ski française Saint-Moritz a l'honneur d'organiser les « jeux de la paix » le 30 janvier 1948. L'Allemagne et le Japon sont exclus de la compétition. Les Suédois et les Norvégiens dominent le ski nordique, mais c'est le ski alpin qui monopolise l'attention. Les Français Henri Oreiller et James Coutet se distinguent, mais ils sont battus par le Suisse Edi Reinalter. À Oslo en 1952, l'Américaine de 19 ans Andrea Mead-Lawrence remporte le slalom géant et le spécial. Le patineur norvégien Hjalmar Andersen gagne à lui seul trois médailles d'or sur les sept que totalise la Norvège, l'organisatrice des jeux.

Les jeux d'été...

Londres (1948), Helsinki (1952)

C'est dans une ville partiellement détruite que les XIVe jeux Olympiques d'été s'ouvrent en 1948. Quarante-neuf nations et 4 104 sportifs participent à l'événement. Les femmes s'imposent comme des athlètes à part entière, c'est le cas de la Hollandaise Fanny Blankers-Koen et de la lanceuse de disque française Micheline Ostermeyer. Deux coureurs entrent dans la légende, le Français Alain Mimoun et le Tchécoslovaque Emil Zatopek. À Helsinki en 1952, les perdants de la Seconde Guerre mondiale participent de nouveau aux jeux. Véritable symbole, le Russe Viktor Chukarin remporte quatre médailles d'or et deux d'argent après avoir survécu aux camps de concentration. Zatopek bat de peu son adversaire Alain Mimoun.

Jean Boiteux vient de remporter le 400 m nage libre et son père se jette à l'eau pour le féliciter.

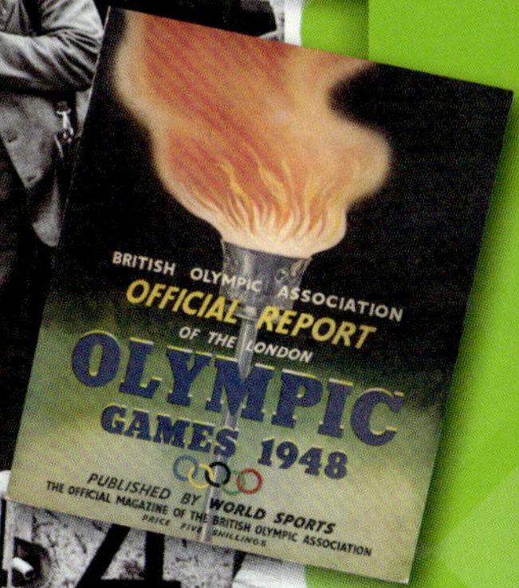

Micheline Ostermeyer lance son disque à 13,75 m et remporte l'or.

Alain Mimoun, Emil Zatopek et Bertil Albertsson aux jeux Olympiques de 1952..

Le football

Prisé par l'Italie et l'Amérique latine, le football se popularise petit à petit dans la France d'après-guerre.

Les matchs se transforment désormais en grande messe populaire. En 1950, douze ans après la dernière Coupe du monde, le Brésil accueille la manifestation rebaptisée coupe Jules-Rimet. Dans le stade du Maracanã, à Rio de Janeiro, 200 000 spectateurs peuvent suivre les 30 matchs. En effet, les Brésiliens ont changé certaines règles et ont passé les rencontres de 16 à 30, ils ont décidé de faire jouer la poule finale à quatre équipes. Désapprouvant ces modifications, la FFF (Fédération française de football) se retire de la compétition, l'Argentine et l'URSS sont également absentes. Les Brésiliens battent la Suède et l'Allemagne et se voient déjà vainqueurs. Mais l'Uruguay qui a devancé les Espagnols et les Suédois ne compte pas leur laisser la victoire. À la première mi-temps, le score est de 0 à 0. La seconde partie débute avec un but brésilien tiré par Friaca. Mais les Uruguayens Schiaffino et Gigghia marquent à 14 minutes d'intervalle et obligent le Brésil à capituler. L'Uruguay devient champion du monde.

L'Anglais Tom Finney tente de marquer un but contre l'équipe du Chili à la Coupe du monde 1950.

Le 16 juillet 1950, l'Uruguay bat le Brésil sur le score de 2 buts à 1 et devient champion du monde.

Jules Rimet.

Juan Manuel Fangio.

Giuseppe Farina au volant de son Alpha Romeo au Grand Prix de Grande-Bretagne.

Le sport auto

Dans le rétroviseur des Italiens…

Les bolides du *commandatore* Enzo Ferrari, les petites Cisitalia, Amadeo Gordini et les Simca Gordini pilotées par Maurice Trintignant et Robert Manzon, les « italiennes » semblent dominer les circuits automobiles de l'après-guerre. En 1950, la Fédération internationale de l'automobile (FIA) crée le premier championnat du monde de sport automobile. Les manifestations se multiplient : le Grand Prix de Formule 1 (F1) à Pau où l'Argentin Juan Manuel Fangio domine la course, le Grand Prix de Grande-Bretagne à Silverstone, le Grand Prix de Monaco, les 500 Miles d'Indianapolis, le Grand Prix de Suisse à Berne, le Grand Prix de Belgique à Spa, le Grand Prix de France à Reims et le Grand Prix d'Italie à Monza. Sans oublier les mythiques 24 Heures du Mans.

LE CYCLISME ET LES SPORTS DE COMBAT

Le cyclisme

Fausto Coppi au départ d'une course sur le tour de France de 1949.

Bourvil, amateur de cyclisme, avec le coureur français Guy Lapébie.

Le retour du Tour

Pour parcourir les 21 étapes et les 4 600 kilomètres, le Français René Vietto reste le grand favori. Il redoute l'Italien Aldo Ranconi qu'il considère comme son principal concurrent. Mais c'est le jeune Breton Jean Robic, arrogant et volontaire, qui va très rapidement prendre la tête de la compétition, au grand dam de ses propres équipiers ! Il revêt le maillot jaune en grand gagnant. L'année suivante, c'est de nouveau un jeune Français, Louison Bobet, qui tente de faucher à « Il vecchio », Gino Bartali, la victoire. Mais l'expérience triomphe et l'Italien remporte la course. Il essaie de renouveler son exploit un an après, luttant contre les Français Marinelli et Robic. Pourtant ce sera un de ses compatriotes, Fausto Coppi, qui finira grand gagnant, et ce durant deux années consécutives.

Gino Bartali remporte le Tour en 1948.

Les sports de combat

Des boxeurs aux destins opposés

Anthony Florian Zaleski dit Tony Zale, champion du monde poids moyens en 1941, s'engage comme GI pendant la Seconde Guerre mondiale et abandonne un temps le combat. De son côté, Thomas Rocco Barbella, emprisonné pour désertion, découvre la boxe en prison. À sa sortie, il devient Rocky Graziano. Les deux hommes au destin résolument différent se retrouvent sur le ring le 27 septembre 1946 et Tony Zale met Rocky Graziano KO dès le premier round. En 1947, l'ancien déserteur prend sa revanche sur Zale et conquiert le titre de champion du monde poids moyens, et ce pendant deux années successives. Mais Tony Zale va devoir affronter un autre adversaire. Il combat contre le séduisant Français Marcel Cerdan au Roosevelt Stadium de Jersey City le 21 septembre 1948. Au 11e round, Zale s'écroule et Marcel Cerdan est sacré champion du monde. De retour en France, il est considéré comme un véritable héros. Il perd son titre un an après face au très corrompu Jake LaMotta. Une revanche est organisée pour le 2 décembre 1949. Mais le 27 octobre, Cerdan s'envole pour New York dans un Lockheed Constellation qui s'écrasera pendant la nuit dans l'archipel des Açores... aucun des passagers ne survivra.

Marcel Cerdan auréolé de son titre de champion poids moyen revient en France.

Tony Zale défait par Marcel Cerdan au Roosevelt Stadium en 1948.

En 1942, Johnny Hess chantait : « Les cheveux tout frisottés Le col haut de dix-huit pieds Ah ! Ils sont zazous ! Le doigt comme ça, en l'air L' veston qui traîne, traîne par terre » Amoureux de jazz, les zazous s'opposent à la politique de Vichy par leurs tenues vestimentaires et en organisant des concours de danse.

Constatant l'inutilité de la guerre d'Indochine, le soldat Henri Martin milite pour la cessation des hostilités. Il est arrêté pour propagande et de nombreux jeunes manifestent alors pour défendre le militaire, futur dirigeant des Jeunesses communistes.

En 1949, George Orwell publie 1984, son grand roman d'anticipation critique du stalinisme et des régimes totalitaires et policiers.

PREMIERS ÉLANS, PREMIÈRES RÉVOLTES, PREMIERS ÉMOIS

À la sortie de la guerre, le pays est à reconstruire et les jeunes se politisent. Communistes et militants du RPF (Rassemblement du peuple français) se livrent une bataille idéologique constante.

Dans les clubs de Saint-Germain-des-Prés, les jeunes dansent le be-bop. Chemises à carreaux colorés, imperméables aux manches retroussées, bretelles bicolores, ceux que l'on surnomme les « rats de cave » se disent existentialistes et se défoulent au son de Louis Armstrong ou Dizzy Gillespie.

Manipulatrices, séductrices, provocantes, les femmes fatales des films noirs américains sont aussi dangereuses qu'attirantes. Comme ici Rita Hayworth dans La Dame de Shangaï ou Lana Turner dans Le Facteur sonne toujours deux fois.

En 1946, Cary Grant et Ingrid Bergman offrent aux spectateurs le plus long baiser du cinéma dans Les Enchaînés d'Alfred Hitchcock.

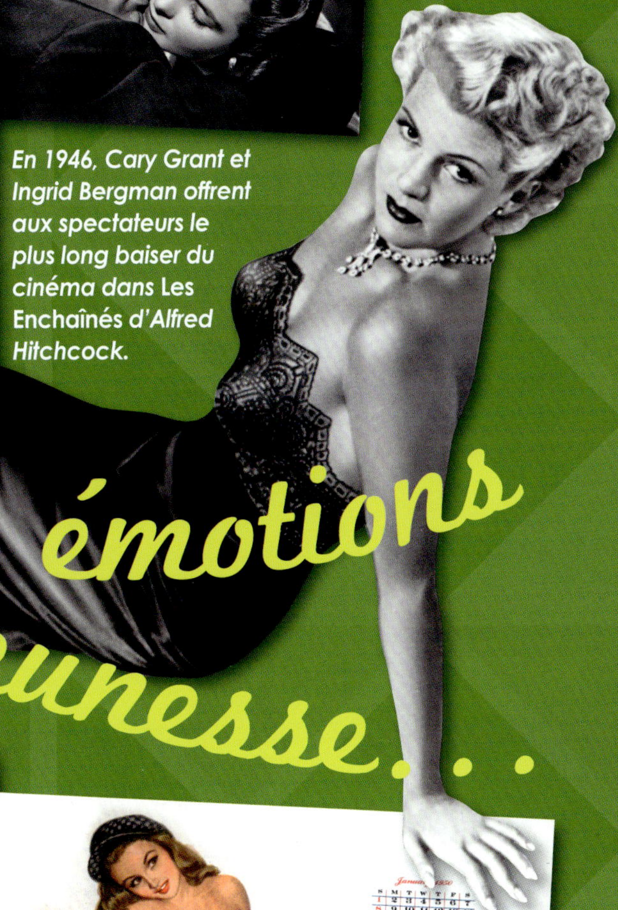

Les grandes émotions de notre jeunesse...

Ancien ingénieur automobile, Louis Réard présente en 1946 son invention : un maillot de bain deux pièces dévoilant aux yeux de tous le nombril des femmes. Toutes les grandes vedettes féminines adoptent le bikini, comme ici Susan Hayward.

Peintes sur des avions, imprimées dans des calendriers et des journaux ou bien encore sur des vignettes à collectionner, les pin-up débarquent en France en même temps que les soldats américains.

LA MUSIQUE DES ENFANTS

Tous en chœur !

En période de guerre, il n'y a que peu de place pour la nouveauté et la création musicale, alors les enfants apprennent les ritournelles et les chansons du patrimoine.

Pendant l'Occupation, la musique semble réservée aux adultes. Les artistes proposent leur répertoire aux plus âgés sans se soucier des enfants. Il reste à ceux-ci peu de possibilités pour développer leur âme de mélomane. Les comptines et les chansons populaires apprises à l'école éveillent chez certains le goût de la musique. Dans toutes les classes résonnent *Le Bon Roi Dagobert, Il pleut il pleut bergère, Aux marches du palais, Au clair de la lune, La Mère Michelle,* et bien d'autres encore. Certaines d'entre elles datent de plusieurs siècles, quelques-unes de la Révolution française. Elles ont l'avantage d'être connues par toutes les générations et d'être reprises en chœur lors des fêtes de famille. Mais un grand nombre d'enseignants possèdent des connaissances approximatives du solfège et cette initiation est bien insuffisante. Certains parents décident de parfaire cette éducation musicale avec des professeurs particuliers. La plupart des enfants de la bourgeoisie prennent des cours de piano, parfois des leçons de violon ou de violoncelle. À la campagne, les villageois dansent au son de l'accordéon et les jeunes reprennent le flambeau en apprenant à manier « le piano à bretelles ». Mais ce sont les chorales qui attirent le plus les enfants et les adolescents, quel que soit leur milieu social. Dans les patronages, chez les scouts, à la pastorale, ou après l'école du dimanche, des groupes se forment partout. Certains acquièrent une authentique notoriété, comme celui des Petits Chanteurs à la croix de bois.

Le maréchal Pétain écoute les Petits Chanteurs à la croix de bois.

Et que ça swingue !

La guerre est finie, on chante, on danse, on s'amuse et surtout on découvre le jazz.

Avec la Libération et l'arrivée des GI, le jazz déferle sur l'Hexagone. Les Français découvrent les V-Discs, les disques de la victoire pressés par l'armée américaine. Ils peuvent suivre également les programmes radiophoniques de l'AFN (American Forces Network) diffusés dans toute l'Europe de l'Ouest, et ceci jusqu'en 1954. La France swingue au son des orchestres blancs de Glenn Miller, Bennie Goodman, Artie Shaw ou Woody Herman. Ray Ventura est ses Collégiens, réfugiés en Amérique du Sud pendant le conflit pour échapper aux nazis, rentrent

COMPIE FRANÇAISE DU Gramophone

Django Reinhardt et le quintet du Hot Club de France.

LA MUSIQUE DES ADOS

Zazou jusqu'au bout des ongles, le chanteur de jazz Cab Calloway en plein spectacle.

en France avec de nouvelles recrues, dont le jeune guitariste guyanais Henri Salvador. Ray Ventura, Jacques Helian, Alix Combelle… Les grands orchestres rythment l'ère de la reconstruction. La jeunesse se nourrit de jazz, mais privilégie souvent celui 100 % américain de Charlie Parker, Miles Davis ou Dizzy Gillespie à celui, récréatif, de ces ensembles. Les adolescents, surnommés les J3 depuis l'occupation, sont cependant fiers de posséder un maître internationalement reconnu en la personne de Django Reinhardt. Sa disparition en 1953 transforme le guitariste manouche en légende.

LA PRESSE POUR ENFANTS

Disparaître ou survivre

Sous l'Occupation, le choix de magazines pour les enfants se raréfie même si certains journaux survivent en s'installant en zone libre.

En 1940, au moment de la défaite française, les périodiques de bandes dessinées s'interrompent. *La Semaine de Suzette* disparaît complètement tandis que les titres phares tels *Hop-Là, Le Journal de Mickey, Jumbo, Junior* s'installent en zone libre. *Hurrah !*, au bout de quelques mois, est réédité en deux versions : l'une en zone occupée, l'autre en zone libre. C'est le cas également pour *L'Aventureux* qui devient en zone sud *L'Audacieux* ; *Bayard* se mue en *Jean et Paul*, et *Bernadette* en *Marie-France*, pendant que *Cœurs vaillants* et *Âmes vaillantes* s'installent à Lyon. Le papier se raréfie et les bandes dessinées américaines ne franchissent plus l'Atlantique. Les dessinateurs français René Pellos et René Brantonne prennent le relais. Le journal catholique *Cœurs vaillants* ne cache pas son admiration pour le Maréchal avec ses BD à la gloire des valeurs du régime de Vichy, mais les jeunes lecteurs se régalent aussi des aventures de *Tintin* d'Hergé. De nouvelles publications voient le jour : *Les Grandes Aventures, Gavroche* et le *Journal de Taty*. Mais elles disparaissent deux ans plus tard tandis que *Le Téméraire,* à l'idéologie « nationale », devient incontournable. Il faut attendre la Libération pour voir de nouveau un titre communiste, *Le Jeune Patriote*. Il se transforme un an plus tard en *Vaillant,* qui reprend sans scrupule la mise en page et les dessinateurs du *Téméraire*. Quant à Marijac (Jacques Dumas), il enchante les enfants avec *Coq hardi,* le journal « qui chante pour la jeunesse de France ».

Journal destiné aux filles, La Semaine de Suzette *est célèbre pour avoir fait connaître le personnage de Bécassine.*

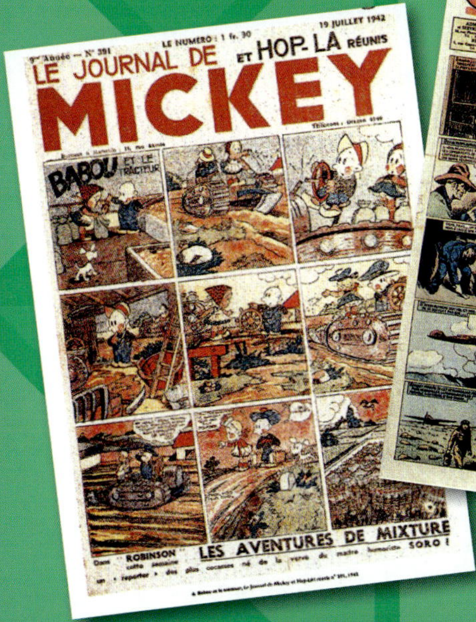

Romance sur papier glacé

Entre les héros de bandes dessinées américaines et le glamour des romans-photos, les adolescents ont de nouveau de quoi rêver.

Les jeunes filles se mettent à rêver au prince charmant en dévorant des romans-photos. Ceux-ci s'imposent comme un véritable phénomène de société dans l'immédiat après-guerre. Le concept a été inventé en Italie par les trois frères Del Duca. Ils proposent des romans dessinés au lavis, qui confère un réalisme proche de la bande dessinée. L'un des frères, Cino Del Duca, lance *Nous Deux* en 1947 et trois ans plus tard, le magazine présente son premier roman-photo : *À l'aube de l'amour*. L'engouement pour ce genre de littérature se révèle extraordinaire. Cino fonde alors *Festival, Modes de Paris, Madrigal, Boléro, Intimité*. Sa réussite fait des émules et les romans-photos apparaissent dans *Femmes d'aujourd'hui, Confidences, Bonnes soirées* et *Bonjour Bonheur*. Mais dans maintes familles bien-pensantes, ce genre de lecture considéré comme vulgaire et aliénant est formellement prohibé.

Les adolescents tentent d'emprunter le quotidien de leur père pour dévorer les BD à suivre. Présentée en bandes verticales avec un texte sous l'image, la formule lancée en 1946 plaît immédiatement. L'initiateur, *France-soir*, est suivi rapidement par *L'Aurore*, *le Parisien libéré*, *Paris-Journal*, *Paris-jour*, *L'Humanité* et *Libération*. Mais ce sont quatre agences, Opera Mundi, Sedef, Paris-Graphic et Presse Service Magazine, qui ventilent les créations françaises et les bandes étrangères.

Venu d'Italie et au croisement de la bande dessinée et du cinéma, le roman-photo apparaît pour la première fois en France en 1949 dans le magazine Festival*. Mais c'est surtout la revue* Nous Deux *qui démocratise le genre.*

Bulles et cases à tous les étages

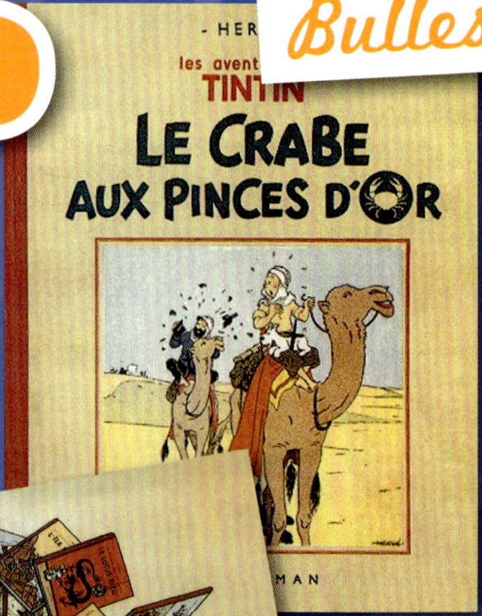

La bande dessinée n'est plus l'apanage des Américains. Les Français et les Belges s'y mettent aussi et contribuent à démocratiser le genre auprès des adolescents.

Ils auront été nos compagnons pendant ces longues années de guerre : la brave Bécassine, l'astucieux Bicot et les deux globe-trotters de Zig et Puce. Sans oublier Tintin bien sûr, notre reporter préféré, et Mickey, l'ami américain. À force de lire et relire leurs aventures, nous finissions par les connaître par cœur. Mais même avec leurs pages jaunies et leur couverture écornée, ces albums restaient d'authentiques trésors…

À partir de 1946, il était devenu plus facile de compléter notre collection : un éditeur parisien, la SPE, avait eu la bonne idée de publier des albums à couverture souple,

Au cours des années 1940, Hergé est inépuisable et publie six aventures de Tintin et Milou.

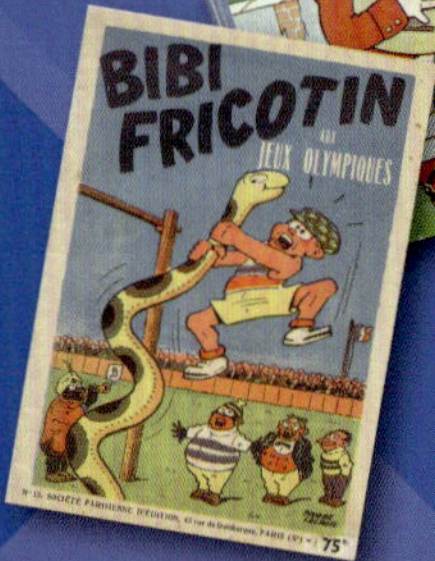

donc moins chers. Dès lors, il n'était plus nécessaire d'attendre Noël ou notre anniversaire pour retrouver les aventures des Pieds nickelés, de Bibi Fricotin, d'Aggie ou de l'espiègle Lili.

Mais nos yeux se tournaient de plus en plus vers la Belgique, de laquelle nous arrivaient des héros au fort accent américain : le pilote d'avion Buck Danny et le cowboy Lucky Luke, qui dégainait son premier album en 1950. Nous avions déjà croisé ces deux-là dans les pages du *Journal de Spirou,* du nom du sympathique groom créé par Rob-Vel et repris par Franquin. Lequel nous invitait aussi à le retrouver dans ses propres albums, *Les Aventures de Spirou et Fantasio*. Une telle agitation ne pouvait qu'attirer l'attention des services secrets de sa Gracieuse Majesté : après avoir mûri leur plan d'attaque dans le *Journal de Tintin*, Sir Francis Blake et le Professeur Philip Mortimer nous gratifiaient de leur premier album en 1950, avec *Le Secret de l'Espadon*. *God save the Queen !*

LES LIVRES POUR ENFANTS

Mais que vais-je bien pouvoir lire ?

La publication de livres destinés aux enfants ralentit durant les années de guerre ; les jeunes se tournent alors vers les classiques des bibliothèques familiales.

Les fillettes découvrent la comtesse de Ségur grâce aux éditions anciennes, car Hachette cesse sa publication de 1931 à 1955. Malgré cela, *Les Malheurs de Sophie*, *Les Petites Filles modèles* ou *Un bon petit diable* restent les favoris des enfants. Tout aussi populaires, les récits de Paul de Pitray mettent en scène les aventures du célèbre âne Cadichon et de ses descendants. Autre auteur du XIXe siècle, la scandaleuse Georges Sand a gagné au cours des années une véritable respectabilité et ses ouvrages, *La Petite Fadette*, *La Mare au diable* ou *Les Contes de ma grand-mère*, sont plébiscités par les parents et les enseignants. Son contemporain Victor Hugo continue lui aussi à émouvoir les générations avec son chef-d'œuvre *Les Misérables*. Des auteurs plus modernes apportent un vent de renouveau et de fantaisie. Colette Vivier partage la vedette avec Magdeleine du Genestoux, qui gère également la Bibliothèque rose. Les garçons préfèrent les classiques, les palpitants romans d'aventures de Jules Verne, de Jack London, de James Oliver Curwood. Ils dévorent également les récits de cape et d'épée d'Alexandre Dumas ou Walter Scott, relisent les contes et légendes ou s'émeuvent face aux tragiques destinées des personnages de Dickens.

Bien qu'écrits au XIXe siècle, les romans moralistes de la comtesse de Ségur trouvent écho dans la société des années 1930-1940.

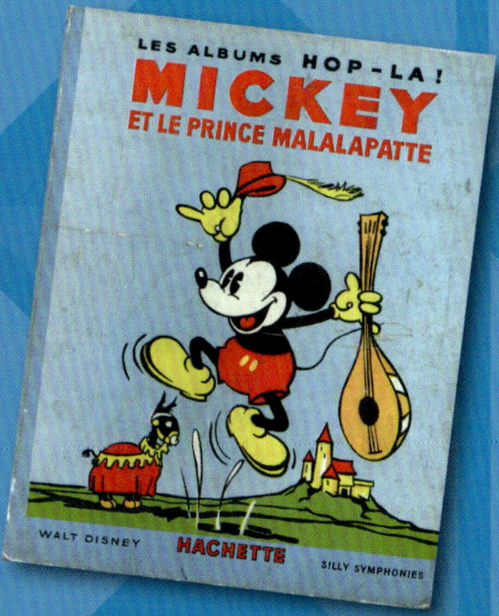

Dès 1932, Hachette passe un contrat d'exclusivité avec Walt Disney pour publier les histoires de la souris aux grandes oreilles.

L'embarras du choix

Bibliothèque verte ou rose, monuments de la littérature française, westerns, policiers : les ados ont l'embarras du choix entre classicisme et modernité.

Cherry Ames, Jennifer, Isabelle… ***les filles prennent le pouvoir.***

Interdit pendant la guerre, *Autant en emporte le vent* de Margaret Mitchell devient un *best-seller*. Les jeunes filles en raffolent et lorsque Clark Gable prend les traits de Rhett Butler, en 1950, le phénomène atteint son paroxysme. Tout aussi romantique mais bien loin d'être un chef-d'œuvre, la série *Mademoiselle*, dans la collection Marabout Junior de chez Gérard et Compagnie, met en scène des héroïnes qui cherchent toutes le grand amour et finissent par le trouver. Les adolescents retrouvent chez Marabout des biographies d'hommes célèbres, des récits d'aventures ou de guerre. C'est là que paraît en 1953 *La Vallée infernale*, premier opus des aventures de Bob Morane. Les parents préfèrent offrir aux filles les histoires patriotiques de l'infirmière américaine Cherry Ames (Librairie Carpentier) et aux garçons les équipées des scouts de la collection Signe de Piste, magnifiquement illustrées par Pierre Joubert. *Le Prince Éric* de Serge Dalens va marquer toute une

génération, ainsi que les romans de Jean-Louis Foncine. La Bibliothèque verte de chez Hachette reçoit l'adhésion de tous, *Alice* de Caroline Quine mène ses enquêtes policières avec une modernité inédite et les classiques sont revisités. C'est le cas également aux éditions Le Rameau vert de chez Casterman, le concurrent direct de Hachette. Mais dans le secret de leur chambre, bien des garçons rêvent des volumes des éditions Fleuve noir et de leur série de westerns, de science-fiction, d'espionnage ou de romans policiers. Malheureusement, de tels ouvrages leur sont encore interdits par leurs parents.

LE CINÉMA ET LES ENFANTS

Hollywood arrive !

Le cinéma ne pâtit pas de l'Occupation, bien au contraire, mais il s'adresse en priorité aux adultes et les jeunes spectateurs n'ont d'autre choix que de se rabattre sur les trop rares films qui leur sont destinés.

À la fin des années 1930, les comédiens préférés des jeunes cinéphiles se nomment Shirley Temple, Charlie Chaplin, et bien sûr l'irrésistible duo Laurel et Hardy. Parfois, les séances du jeudi après-midi les transportent jusqu'aux plaines du Far West, sur les traces d'intrépides cow-boys : John Wayne dans *La Chevauchée fantastique* (1939), Tyrone Power alias Jesse James dans *Le Brigand bien-aimé* (1939), Errol Flynn et sa belle compagne Olivia de Havilland dans *Les Conquérants* (1940)…

Mais dès l'été 1940, le rideau tombe sur les héros du Nouveau Monde. Les occupants allemands interdisent les films américains et britanniques, qui sont remplacés par des productions allemandes et françaises. Pourtant, les cinémas ne désemplissent pas : en ces temps difficiles, les Français se réfugient dans les salles obscures pour échapper, pendant quelques heures, aux difficultés de la vie quotidienne et aux drames de la guerre. Les plus jeunes spectateurs s'esclaffent devant les pitreries de Fernandel, qui enchaîne alors les comédies : de *Monsieur Hector* à *Une vie de chien*, en passant par *La Fille du puisatier*, de Marcel Pagnol, où il apparaît aux côtés de Raimu et Josette Day.

On rit, mais on a cessé de s'émerveiller. Et il faudra encore attendre une éternité pour goûter à ces moments de pure magie que les plus chanceux d'entre nous ont à peine eu le temps d'expérimenter avant-guerre : les longs-métrages d'animation des studios Disney. Entre *Blanche-Neige et les Sept Nains* (1938) et *Pinocchio* (1946), huit longues années se seront écoulées… presque le temps d'une enfance.

Sorti en 1940 aux États-Unis, *Le Dictateur* de Chaplin n'est projeté en France qu'en 1945 et rencontre un succès incroyable.

Bud Abbott et Lou Costello accumulent les bêtises et les aventures pour faire rire toute la famille.

La classe américaine

Les années d'après-guerre imposent le règne des héros virils et courageux d'Hollywood dans le cœur des adolescents français.

Les cinémas avaient déjà connu un afflux sans précédent pendant l'Occupation, mais à la Libération, la fréquentation explose. L'année 1947 marque même un record, avec 424 millions de spectateurs ! Les productions hollywoodiennes font un retour massif sur les écrans et le public en redemande. C'est l'ère des comédies musicales, symboles d'une époque insouciante où l'on veut croire aux lendemains qui chantent et qui dansent. Les stars du genre s'appellent Judy Garland, Frank Sinatra, Gene Kelly et Fred Astaire. Même les jeunes hommes se passionnent pour ces comédies chorégraphiées, surtout lorsqu'elles mettent en scène les gracieuses évolutions aquatiques d'Esther Williams !

Une cigarette dans une main, un verre de whisky dans l'autre et Ingrid Bergman au bras, « Bogie » est l'archétype du héros pour toute une génération d'adolescents.

Lorsqu'ils ne louchent pas sur les maillots de bain de la star, les garçons prennent des cours de séduction auprès de « Bogie » (Humphrey Bogart), irrésistible en patron de night-club tiraillé entre son amour pour Ingrid Bergman et son sens du devoir dans *Casablanca* (1947). Les héros à la virilité triomphante, qu'ils soient cow-boys ou GI, se comptent alors par dizaines, mais un homme va durablement incarner l'idéal masculin auprès de la gent féminine : Rhett Buttler, le gentleman cynique d'*Autant en emporte le vent*. La plus grande histoire d'amour de l'histoire du cinéma, qui réunit Clark Gable et Vivien Leigh sur fond de guerre de Sécession, arrive sur nos écrans en 1950, déjà auréolée de huit Oscars. Et plus de 16 millions de Français se pressent pour fouler la terre rouge de Tara…

Avec* Le Pirate *(1948),* La Parade du printemps *(1948),* La Fille de Neptune *(1949),* Un Américain à Paris *(1951),* Chantons sous la pluie *(1952),* La Première Sirène *(1952), les adolescents sortent en dansant des salles de cinéma.

LA RADIO

Paris ? Ici Londres !

Outil politique voire militaire sous l'Occupation, la radio effraie les pouvoirs publics et devient monopole de l'État à la Libération.

En 1939, la France compte 5 millions de récepteurs radio pour 41 millions d'habitants. Les auditeurs ont le choix entre plusieurs radios d'État et radios privées, mais nombre d'entre elles cessent d'émettre après l'invasion allemande. Celles qui perdurent sont très contrôlées, voire transformées en relais de propagande. C'est le cas de Radio Paris, qui relaye un discours ouvertement antisémite. À Londres, la BBC ouvre ses fréquences dès 1940 aux résistants français. Une véritable guerre des ondes va dès lors s'engager entre les deux stations. Le 18 juin 1940, Radio Londres, la « voix de la France libre », entre dans l'histoire en diffusant l'appel à la résistance du général de Gaulle.

Enregistrement de deux émissions radiophoniques pour la Radiodiffusion nationale (1943/1944).

À la Libération, l'envol des ventes de postes renforce encore la puissance du média radio. L'État français décide donc d'imposer son monopole et l'offre radiophonique se réduit à deux chaînes : le Programme national et le Programme parisien. En 1946, Paris Inter se joint au dispositif. D'autres stations parviennent toutefois à émettre depuis l'étranger : Radio Andorre, Radio Monte-Carlo et surtout Radio Luxembourg. Cette dernière est sans conteste la station la plus populaire de l'après-guerre : elle reprend la diffusion de la célèbre émission de l'entre-deux-guerres, *La Famille Duraton,* et fait habilement parrainer des émissions par des marques commerciales : le « Jeu du bonnet », sponsorisé par l'apéritif Dubonnet, « Bib et Bic et Colegram », par le célèbre fabricant de stylos, ou encore « Prenez garde à la pointure », par les chaussures André…

Les présentatrices de Radio Luxembourg se relaient toute la journée pour distraire, informer et tenir compagnie aux auditeurs.

André Gillois, porte-parole du général de Gaulle et l'une des voix de la France libre, ici sur Radio Londres.

LES MODÈLES D'AUTOS ET DE MOTOS

En voiture Simone !

4 CV, Deuche, Mob', Solex, Vespa : à deux ou quatre roues, la France d'après-guerre va de l'avant, et à toute vitesse.

Avant-guerre, de nombreux constructeurs réfléchissent à un modèle de voiture populaire, accessible à tous ou presque. Le conflit va hélas mettre en sommeil la plupart de ces projets. C'est le temps des réquisitions, des pénuries d'essence et de l'interdiction de vente de pneumatiques. Mis à part les étranges véhicules au gaz que l'on voit surgir çà et là, c'est aussi le règne de la petite reine, déclinée en vélo-cars, cyclo-cars et autres cyclo-taxis.

Dès la Libération, les projets de véhicules pour « Monsieur Tout le monde » prennent le chemin des lignes de production : au Salon de l'auto de 1946, les Français peuvent admirer la 4 CV de Renault, qui envahira bientôt les routes de l'Hexagone. Deux ans plus tard, ils se pressent pour découvrir la 203 de Peugeot, plus chère mais qui saura aussi trouver son public sur le créneau des voitures de tourisme. Un peu plus loin, sur le stand Citroën, c'est la stupeur : une étonnante boîte de conserve nommée 2 CV exhibe ses formes improbables. Mais à ce prix, comment résister ? Le succès sera tel qu'il faudra bientôt patienter cinq à six ans pour pouvoir s'asseoir derrière son volant !

Mais leur indépendance, les ados la conquièrent en enfourchant leur deux-roues. Dans l'immédiat après-guerre, le vélo s'équipe d'un moteur et devient… vélomoteur. La star du genre, le VéloSolex, est commercialisée dès avril 1946. Chaque nouveau modèle fait grimper les ventes, qui passeront bientôt de 5 à 6 chiffres. Seul concurrent en vue : la Mobylette de Motobécane, qui fait son apparition au Salon d'octobre 1949. Mob' ou Solex : un choix plutôt simple… jusqu'à ce qu'une guêpe italienne nommée Vespa vienne tout compliquer.

Le cyclomoteur ne résiste pas à ces nouveaux modèles de deux-roues, dont le scooter Vespa du constructeur italien Piaggio est le fer de lance.

Plymouth, Cadillac, les Français peuvent dévorer des yeux ces magnifiques voitures étrangères au salon de l'auto 1947. Pour ce qui est d'en acheter, c'est une autre histoire.

LES SOURCES

Toutes les photographies et illustrations non créditées et non mentionnées ci-dessous proviennent de la collection privée de La Bande du Drugstore.

Sources des illustrations :

p. 6 : Alcatraz, ©Rue des Archives/BCA / Bonnie Parker et Clyde Barrow, ©The Granger Collection NYC/Rue des Archives / Le Charivari, ©Rue des Archives/Collection Gregoire / Manifestation ©Michel Sima/ Rue des Archives / p. 7 : John Dillinger, ©Rue des Archives/BCA / Mao Tsetung, ©Suddeutsche Zeitung/Rue des Archives / Hélène Boucher, ©Rue des Archives/Varma / Coupe du monde, ©Rue des Archives/ITAL / p. 10 : Traction, ©Rue des Archives/Collection Gregoire / Zoo de Vincennes, ©Gérald Bloncourt/Rue des Archives / Cléopatra, ©Rue des Archives/BCA / p. 11 : Le Journal de Mickey, ©Rue des Archives/PVDE / Cocteau, ©Lebrecht/Rue des Archives / Donald Duck, ©Rue des Archives/BCA / Microscope, ©Corbis / p. 12 : Illustration prière, ©Leemage / p. 17 : Evacuation des enfants, ©Rue des Archives/AGIP / Méthode Boscher Belin, 1935, ©Gusman/Leemage / Méthode Boscher syllabique, ©Rue des Archives/PVDE / Publicité Godin, ©Rue des Archives/Tal / p. 18 : Classe de jeunes filles, ©Roger-Viollet / Classe de couture, ©LAPI/Roger-Viollet / Portrait, ©Leemage / p. 19 : Certificat d'études, ©Rue des Archives/PVDE / Baccalauréat, ©Rue des Archives/AGIP / Lycée de Carcassone, ©Gusman/Leemage / p.20 : Carte Noël, ©Rue des Archives/CCI / p. 22 et 23 : Jeu de croquet et saut de plage, ©Collection J. Taton / Enfant, ©Rue des Archives/ PVDE / p. 24 : Bal avec saxophoniste, ©Rue des Archives/AGIP / Bal du 14 juillet, ©Rue des Archives/AGIP / Bal des débutantes, ©Collection Roger-Viollet / Poste radio, ©Prisma Archivo / Départ en vacance, ©Rue des Archives/AGIP / p. 25 : Manège, ©Rue des Archives/AGIP / Foire du Trône, ©Rue des Archives/AGIP / Jeunes à Deauville, ©Rue des Archives/AGIP / Camping, ©Keystone-France / p. 26 : Secours national, ©Rue des Archives/Tallandier / p. 27 : Bon de chaussure, ©Rue des Archives/Tallandier / Trois enfants, ©Picture Alliance/Rue des Archives/ Une de Marie Claire, ©Rue des Archives/PVDE / Publicité Petit Bateau, ©Rue des Archives/ PVDE / Ecoliers, ©Rue des Archives/AGIP / p. 28 : Marie France, ©Rue des Archives/ PVDE / Femmes d'aujourd'hui, 19 juin 1948, ©Rue des Archives/PVDE / Femmes d'aujourd'hui, 22 mai 1948, ©Rue des Archives/ PVDE / Midinettes, ©Rue des Archives/AGIP / p. 29 : Chaussure Swing, ©André Zucca/ BHVP/Roger-Viollet / p. 30 : Boîtes, ©Collection J. Taton / p.31 : Vitrine d'un magasin, ©Keystone-France / p. 32 : Louveteau, ©Rue des Archives/PVDE / Défilé de scouts, ©René Saint Paul/Rue des Archives / p. 33 : Eclaireuse, ©Rue des Archives/AGIP / Scouts, ©Rue des Archives/AGIP / Affiche Chantiers de la jeunesse, ©Selva/Leemage / Lord Robert Stephenson, ©Rue des Archives/EPIC / p. 34 : Andrea Mead-Lawrence, ©Bettmann/Corbis / Henri Oreiller, ©Rue des Archives/SPPS / Affiche St Moritz, ©Suddeutsche Zeitung/Rue des Archives / Affiche Oslo, ©Suddeutsche Zeitung/Rue des Archives / p. 35 : Affiche Helsinki, ©Rue des Archives/The Granger Collection NYC / Affiche Londres, ©Mary Evans/ Rue des Archives / Torche olympique, ©Rue des Archives/VB / Jean Boiteux, ©Bettman/ Corbis / Micheline Ostermeyer, ©Keystone-France / Alain Mimoun, ©Keystone-France / p. 36 : Tom Finney, ©Keystone-France / Uruguay-Brésil, ©Keystone-France / Jules Rimet, ©Robert Arlingue/Roger Viollet / p. 37 : Fangio, ©Bettmann/Corbis / Farina, ©Rue des Archives/AGIP / Affiche Monaco, ©Rue des Archives/PVDE / p. 38 : Fausto Coppi, ©Rue des Archives/AGIP / Bourvil et Lapébie, ©Rue des Archives/AGIP / Gino Bartali, ©Rue des Archives/ITAL / p. 39 : Marcel Cerdan, ©Gérald Bloncourt/Rue des Archives / Tony Zale, ©Rue des Archives/BCA / p. 40 : Manifestation : ©Rue des Archives/AGIP / George Orwell, ©The Granger Collection NYC/Rue des Archives / Affiche RPF, ©Rue des Archives/Tallandier / Bal existentialiste, ©Rue des Archives/AGIP / p. 41 : La Dame de Shangaï, ©Rue des Archives/BCA / Les Enchaînés, ©Rue des Archives/BCA / Lana Turner, ©Rue des Archives/RDA / Pin up, ©Rue des Archives/RDA / Susan Hayward, ©Rue des Archives/BCA / p. 43 : Pétain et chanteurs, ©Rue des Archives/Tallandier / Chanteurs de rue, ©Seeberger Frères/Rue des Archives / Chorale, ©Rue des Archives/ Tallandier / Vieilles chansons françaises, ©Rue des Archives/CCI / L'Accordéoniste, ©Rue des Archives/RDA / p. 44 : Django Reinhardt, ©Lebrecht/Rue des Archives / p. 45 : Jacques Hélian, ©Rue des Archives/RDA / Cab Calloway, ©Rue des Archives/AGIP / Ray Ventura, ©D.R. / p. 47 : La Semaine de Suzette, ©Rue des Archives/PVDE / p. 48 : Grand Hôtel, 7 juillet 1956, ©Rue des Archives/PVDE / p. 49 : Nous deux, 1er trimestre 1951, ©Rue des Archives/PVDE / p. 50 : Bécassine chez les Turcs, ©Rue des Archives/PVDE / Bibi Fricotin, ©Rue des Archives/PVDE / Zig et Puce à New York, ©Rue des Archives/PVDE / Mathurin, ©Rue des Archives/PVDE / Zig et Puce aux Indes, ©Rue des Archives/PVDE / Bicot, ©Selva/Leemage / p. 51 : Buck Danny, ©Rue des Archives/PVDE / p. 53 : Mickey et le prince Malapatte, ©Collection J. Taton / p. 57 : Affiche La Chevauchée fantastique, ©Rue des Archives/BCA / Le Dictateur, ©Rue des Archives/BCA / Blanche Neige, ©Rue des Archives/BCA / Pinocchio, ©Rue des Archives/BCA / Dumbo, ©Rue des Archives/ BCA / Une vie de chien, ©Rue des Archives/ RDA / Les aventures fantastiques du baron de Münchhausen, ©Rue des Archives/Suddeutsche Zeitung / Affiche Bambi, ©Rue des Archives/RDA / Affiche Deux nigauds au collège, ©Rue des Archives/RDA / Affiche Deux nigauds et la momie, ©Rue des Archives/RDA / p. 58 : Casablanca, ©Rue des Archives/ BCA / H. Bogart, ©Mondadori Portfolio/Rue des Archives / p. 59 : Affiche Parade de printemps, ©Rue des Archives/RDA / Le Pirate, ©Rue des Archives/BCA / Affiche Chantons sous la pluie,©Rue des Archives/RDA / Entrons dans la danse, ©Rue des Archives/Collection CSFF / Affiche La Reine de Broadway, ©Rue des Archives/RDA / Metro Goldwyn Mayer, ©Rue des Archives/BCA / Autant en emportent le vent, ©Rue des Archives/BCA / p. 60 : Radiodiffusion nationale, ©Seeberger Frères/Rue des Archives / J. Gressier et M. de Rieux, ©Seeberger Frères/Rue des Archives / p. 61 : André Gillois, ©Rue des Archives/Tallandier / Radio Luxembourg, ©Rue des Archives/ AGIP / Dubonnet, ©Rue des Archives/PVDE / p. 62 : Publicité velosolex, ©Rue des Archives/ PVDE / p. 63 : Publicité Vespa, ©Rue des Archives/RDA / Vespa scooter, ©Tipsimages/ Rue des Archives / Saint-Nazaire, ©Selva/ Leemage / Cadillac, Plymouth, Oldsmobile, ©Heritage Images/Leemage / Simca 8, ©Rue des Archives/AGIP / 4CV, ©Keystone-France / Publicité velosolex, ©Rue des Archives/ PVDE.

Sources des illustrations :
p. 12-13 : Catalogue Galerie Barbès, p.37, 60, 61 / Catalogue Lévitan, p. 62 / Catalogue Lévitan, 1933, p. 18, 139, 140 / p. 14-15 : Catalogue Galerie Barbès, 1931, p.172 / Chambre de jeune fille, Georges Eudes, Intérieurs modernes, Massin / Hergé, couverture de Tintin, n°479, 26 décembre 1957 / Catalogue Lévitan, 1933, p.44 / Mode du Jour, n°288, 5 juillet 1951 / p. 16-17 : Boulet et Chabanas, Leçon de choses, Hachette, 1942 / Souvenir scolaire, Collection Jacques Gimard / M. Fournier, Le Nouveau vocabulaire des petits, Librairie Geldage, 1936 / p. 18-19 : Les J3, ou la nouvelle école, Librairie théâtrale, L. Billaudot, 1943 / Publicité Au Bon Marché, Collection Jacques Gimard / Willy et Colette, Claudine à l'école, éditions Gründ illustrée, 1942 / p. 21 : Sophie et Pascal Besançon, Gégé. Des jouets pour tous, Fer de Chances, 2002 / Elisabeth Chauveau et Yvan Lacrois, Petitcollin, le baigneur de notre enfance, Histoire d'une fabrique de poupées et de jouets depuis 1860, Dauphin / p. 23 : Publicité Meccano-Hornby in Roger Goirand, Les Jouets Meccano dans les années 30, ETAI, 2004, p.16 / p. 28 : Votre Mode, n°34, 9 octobre 1947 / p. 29 : Votre Mode, n°57, 25 mars 1948 / p. 32 : Nous les vaillants et vaillantes, n°13, juillet 1947 / p. 33 : Règlement des Guides de France, Les Guides de France, 1937 / M. Decitre, Veillées et feux de camp, Dumas, 1950 / p. 37 : Dominique Pascal, La Folie des autos miniatures, Flammarion, 2001 / p. 39 : Miroir Sprint, n°22, 22 octobre1946 / Miroir Sprint, n°7, 9 juillet 1946 / p. 44 : Lily Fayol, Le Rythme américain, éditions Micro, 1945 / Bim Bam Boum, éditions France-Mélodie, 1946 / p. 45 : Jacques Hélian-Lily Fayol, Le Gros Bill, Nouvelles éditions Meridian, 1945 / Ray Ventura et ses collégiens, On ira pendre notre linge sur la ligne Siegfried, éditions Peter Maurice, 1939 / p. 46 : Bandeau de L'Audacieux, n°17, 1941 / Bandeau Robinson, 1939 / Bandeau Hurrah, n°33, 15 janvier 1936 / Le Téméraire, n°7, 1943 / Bandeau de L'Audacieux, n°17, 1941 / Bandeau Robinson, 1939 / Bandeau Hurrah, n°33, 15 janvier 1936 / Le Téméraire, n°7, 1943 / Coq Hardi, n°77, 11 septembre 1947 / Raymond Poivet, « Napoléon », L'Audacieux, n°23, 1941 / p. 47 : Le Journal de Mickey – Hop Là !, n°391, 1942 / E. F. Calvo, « Tom-Mix, chevalier du Far West », Les Grandes Aventures, n°43, 1941 / Gavroche, n°62, 1942 / Cœurs vaillants, n°34, 24 août 1941 / p. 48 : Alain la Foudre, n°6, La Lagune des Requins, éditions Populaires Modernes, 14 octobre 1949 / Sergent Garry, La Clef du Pacifique, décembre 1948 / J. Péchard, P. Gordeaux, Balzac et les femmes, in Henri Filipini / p. 49 : Rêves, n°499, janvier 1956 / Confidences, n°95, 2 septembre 1949 / Bonjour bonheur, n°31, 5 mars 1957 / Fantax, n°1, SER, 1959 / Une aventure de Red Ryder, Fausses accusations, Les Aventures illustrées, n°18, 30 juin 1948 / Hergé, Tintin, Le Crabe aux pinces d'or, Casterman / p. 51 : Al. G., Lili au Palace hôtel, Jeunesse joyeuse / Dessin de Alexandre Gérard, in Catherine Bézard, Aggie et Lili, L'événement du jeudi, 20-26 juillet 1995 / p. 52 : Dessin de Legoultre, in Comtesse de Ségur, Un bon petit diable, Librairie Delagrave, 1949 / Eleanor Estes, Les Joyeux Maffat, Arthaud, 1948 / p. 53 : Comtesse de Ségur, Bible d'une grand-mère, Hachette, 1934 / Comtesse de Ségur, Jean-qui-grogne et Jean-qui-rit, Hachette, 1931 / Georges Sand, Contes de ma grand-mère, Simon / Magdeleine du Genestoux, En plein champs, Hachette, 1942 / Wilhem Hauff, L'Auberge des beaux contes, Hachette, 1942 / M.T. Latzarus, Toulouse-Washington et retour, Hachette, 1947 / Mickey Boxeur, Hachette, 1932 / Blanche neige et les sept nains, Hachette, 1943 / Lida, Martin Pêcheur, Flammarion, 1938 / Comtesse de Ségur, Mémoire d'un âne, Hachette, 1930 / p. 54 : Julie Latham, Cherry Ames infirmière de nuit, Lecture et Loisir, Librairie Charpentier, 1963 / Helen Wells, Cherry Ames, infirmière rurale, Librairie Charpentier, 1962 / Dominique Forel, Rayon 14, Marabout junior, 1958 / Jane S. Mc Ilvaire, Jennifer Journaliste, Marabout, junior, 1958 / Patrick St Lambert, Au secours Vicky, Marabout junior, 1959 / Aline Kelenn, Isabelle fair hostess, Marabout junior, 1958 / p. 55 : A. Maurois, Lyautey, Hachette, 1939 / Jean D'Esme, Leclerc, Hachette, 1949 / Joseph Kessel, Mermoz, Hachette, 1933 / J. F. Orsat, Le Chaland noir, Marly-Plond, 1946 / James-Oliver Curwood, Les Chasseurs de loup, Hachette, 1948 / Henri vernes, La Vallée infernale, Marabout junior, 1953 / Douglas Castle, Mission secrète, Casterman, 1959 / p. 60 : Pat Sullivan, Félix et la TSF, Hachette, 1936.

MIXTE
Papier issu de sources responsables
FSC www.fsc.org
FSC® C003309